offert au f[...]

par son ami

P. Caille[...]

HONNEURS
FUNÈBRES

RENDUS A LA MÉMOIRE

DU V∴ F∴

ROËTTIERS DE MONTALEAU,

P∡R les RR∴ LL∴ *réunies de l'Amitié et du* Centre des Amis, *dont il a dirigé les Travaux, en qualité de Vénérable, à plusieurs reprises, dans le cours de vingt-un ans.*

A PARIS,

DE L'IMPRIMERIE DU G∴ O∴ DE FRANCE,

RUE DE LA POTERIE, N.o 3.

———

An D∴ L∴ V∴ L∴ 5808.

*A l'O∴ de Paris, le 5.ᵉ jour du 1.ᵉʳ mois
de l'an de la V∴ L∴ 5808.*

A LA G∴ DU G∴ A∴ DE L'U∴,

SOUS LES AUSPICES

DU G∴ O∴ DE FRANCE.

FRANCHISE∴ UNION∴ REGRETS∴

Lᴇs RR∴ LL∴ de l'*Amitié* et du *Centre
des Amis*, régulièrement convoquées et
fraternellement réunies sous les Maillets
des Vénérables FF∴ *Trévilliers* et *Lansel*,
dirigeant l'Orient, et des CC∴ FF∴ *Houssement* et *Brunet*, éclairant l'Occident,
tous les FF∴ décorés des attributs de leurs
GG∴, et vêtus de l'habit du 3.ᵉ G∴ Symbolique, pénètrent en silence sur deux lignes
dans l'enceinte du Temple, dont les parois

et toutes les parties , quoique distinctes, étaient revêtus de draperies funèbres.

Ces draperies étaient chargées d'inscriptions relatives aux travaux du jour.

On lisait à l'Orient :

Ombre de notre Frère ,
Jouis d'un doux repos,
Et pour faveur dernière ,
Du séjour de lumière
Veille sur nos travaux.

Dans le Centre du Temple , une colonne funéraire était élevée sur un socle de trois marches. On y lisait :

Roettiers vient de descendre
Dans la nuit du tombeau ;
L'Amitié sur sa cendre
Rallume son flambeau.

Les ornemens du F∴ défunt , déposés près de la colonne , sur un autel de forme triangulaire , étaient désignés par cette inscription :

Nobles ornemens , attributs
De ce prudent Grand-Vénérable,
Attestez la gloire durable
Des honneurs qui furent rendus
Moins à son rang qu'à ses vertus.

(5)

On lisait à la colonne du Nord:

De notre sage Vénérable,
Le zèle intrépide et constant
Fut la colonne inébranlable
Qui soutint notre monument.

A celle du Midi:

Par la vie entière et l'exemple
Du respectable MONTALEAU,
Apprenez, Ouvriers du Temple,
A vivre au-delà du tombeau.

A l'autel du 1.er Surveillant:

Suspendons nos regrets, notre estimable Frère
Jouit, au sein de la lumière,
Du bonheur qu'il a mérité;
Et s'il a fui ce séjour de misère,
C'était pour s'élancer à l'immortalité!

A celui du 2.e Surveillant:

De l'Élysée, oui, le portique s'ouvre,
Au céleste Orient notre Frère est rentré,
D'un feu plus pur son cœur est éclairé,
Et le voile épais qui nous couvre,
A ses regards est déchiré.

A la tribune de l'Harmonie:

De pleurs nous arrosons les restes
D'un Frère tendrement chéri,

Tandis que dans leur sein, par des concerts célestes,
Les vrais Elus accueillent notre ami.

Sur les parois de la colonne du Midi, on lisait trois inscriptions : la plus près de l'O∴ portait :

La terre du sommeil a reçu les débris
D'un Maître, de notre Art, et l'honnenr et la gloire;
La bonté de son cœur, sa touchante mémoire,
D'âge en âge vivront au centre des Amis.

Celle du Centre :

Comment de notre Illustre Frère
Nombrer les actes de vertu?
Le calcul est facile à faire,
Comptez les jours qu'il a vécu.

Celle du côté de l'Occident :

A ses fils il disait à son heure dernière :
Ah! le seul moyen de prouver
Combien vous aimiez votre père,
Mes chers enfans, c'est d'achever
Tout le bien que je voulais faire.

Sur les parois de la colonne du Nord, on lisait :

Du côté de l'Orient :

Il écarta de nous la discorde et la haine,
De la division préserva nos travaux,

Et soutenant le poids de notre antique chaîne ,
Il en resserra les anneaux.

Au Centre :

Pour assurer notre bonheur ,
A son fils , sa vivante image ,
ROETTIERS légua ses vertus et son cœur ;
Ce fils , digne héritier d'un Maître , d'un vrai sage ,
Fera valoir cet héritage.

Du côté de l'Occident :

Ravi dans la force de l'âge ,
« Je voudrais , disait-il , vivre encor quelque tems ; »
Vous tous qu'il obligea , Frères , Amis , Parens ,
Vous savez bien pour quel usage
Il désirait différer ce voyage.

Tous les FF∴ ayant pris place , le Vénérable F∴ *Lansel* , sur l'invitation pressante du V∴ F∴ *Trévilliers* , après avoir ouvert les travaux au premier G∴ Symbolique , annonce que l'objet de la réunion est l'hommage funèbre à rendre à la mémoire du R∴ F∴ ROETTIERS DE MONTALEAU.

Le Vénérable nomme ensuite sept Commissaires pour concourir à rendre les honneurs extraordinaires.

Les FF∴ Maîtres des cérémonies introduisent , avec les honneurs d'usage , les nombreux FF∴ Visiteurs qui se présentent pour participer aux travaux du jour.

Sur l'invitation du Vénérable, les sept Commissaires choisis vont au-devant des RR∴ FF∴ Officiers du Grand-Orient de France, et les accompagnent jusqu'à l'Orient, avec les grands honneurs.

Enfin, une députation de la R∴ L∴ de Thémis, à l'O∴ de Paris, s'étant fait annoncer, est introduite dans le Temple avec l'expression de la reconnaissance et les honneurs qui lui étaient dus.

Les colonnes se trouvant entièrement garnies, après un instant de recueillement, le Vénérable F∴ *Lansel*, en retraçant le motif douloureux de la cérémonie, peint les souvenirs et les regrets éternels qu'a laissés après lui le R∴ F∴ *ROETTIERS DE MONTALEAU*, dans des termes et avec un accent si touchans, qu'il a rempli tous les cœurs de la douce sensibilité dont le sien était pénétré, et qu'il manifeste dans toutes les actions de sa vie. Tous les FF∴ pourront juger les paroles qui se trouvent placées ici, et le sentiment qui les a dictées, mais l'organe et l'expression ne peuvent se rendre.

DISCOURS SOMMAIRE

Du R∴ F∴ LANSEL, Vénérable de la R∴ Loge du CENTRE DES AMIS.

MES FF∴,

QUEL sentiment consolateur ne doit pas exciter dans vos ames la vue de cet appareil funèbre, si propre à porter l'effroi dans l'ame du vulgaire ! L'homme vertueux peut vivre sans hommage, mais il ne meurt pas dans l'oubli.... Voilà la réflexion que doit nous inspirer à tous la solemnité qui nous rassemble. Oui, mes FF∴, celui qui a passé sa vie à cultiver la vertu est encore aimé pour elle au-delà du tombeau. Pendant sa vie, quelle qu'ait été sa destinée, il ne l'a jamais maudite ; et, avant de fermer ses yeux, et dans le moment où il va rentrer dans cette éternité si effrayante pour tant d'autres, l'héritage qu'il va laisser à sa famille l'occupe tout entier ; il meurt avec la douce persuasion qu'il était riche en amis.

Dans le tourbillon du monde, nous restons inconnus ; nous sommes des étrangers

les uns pour les autres. Ah ! qu'elle est déplorable, cette ignorance réciproque ! Combien est préférable ce commerce paisible et caché dans l'obscurité qui nous environne ! C'est par lui que nous savons sentir le bonheur de nous aimer. O ! douce amitié ! c'est dans ce sanctuaire que ton culte est pieusement pratiqué ; c'est ici qu'il est constant ; l'on finit en s'aimant, parceque pendant la vie, on ne regretta jamais de s'être trop connu. Quelle jouissance ne donnes-tu pas à tous les âges ! Quelle est celle dont tu pénétres l'ame de ce vieillard ! il voit sans effroi qu'il n'a plus qu'un pas à faire dans cet avenir impénétrable, parce qu'avec ton secours, il sait d'avance que le cercueil qui renfermera son corps n'engloutira pas son souvenir.

Dans le monde, le concert flatteur de voix qui nous ont loué ne dure qu'un instant dans la bouche du public ; mais c'est ici qu'il continue de se faire entendre toujours plus mélodieusement ; car tout bon Maçon ne se lasse jamais d'y descendre pour l'écouter.

Mes FF∴, quelle consolation plus efficace pour l'humanité, quand elle peut se persuader, dans les malheureux instans de la vie, que lorsque la destruction arrivera, elle pourra encore s'appuyer sur l'opinion et sur l'estime ! Le Maçon emporte avec lui cette conviction ; cela ne peut être autrement, puisque les relations morales nous enchaînent de toutes parts. Quelle témérité ! et de quelle vanité serait affligé celui qui croirait que l'on peut rompre impunément les liens qui nous unissent et nous attachent à nos semblables, et qui, dédaignant les douces impressions de l'amour social, voudrait rester isolé parmi les hommes ! C'est vers le terme auquel nous tendons tous ; c'est à celui qu'a atteint le R∴ F∴ Roëttiers de Montaleau, dont nous pleurons la perte, que nous devons tous adresser nos pensées ; aussi c'est là que nos réflexions trouvent leurs bornes, et c'est alors que nous sentons que l'estime de nos FF∴ est un besoin indispensable.

Restons donc paisibles dans les mystères qui nous environnent ; ils servent utilement la tranquillité et le bonheur de la société. Ah ! combien ils sont préférables à cette évidence funeste qui n'a jamais bien fait juger nos actions ! Ici nous honorons toutes les vertus, et ce n'est pas trop acheter le bonheur de les avoir connues que de les payer de quelques larmes.

Ombre respectable ! ce n'est point à ces vaines images ; c'est à toi seule que l'hommage de tes FF∴ s'adresse ; cet appareil lugubre, expression de nos sentimens douloureux et pénibles, n'a rien qui ne puisse t'être agréable ; c'est le monument de notre respect pour les vertus et pour celui qui employa la plus grande partie de sa vie à consolider l'œuvre du bonheur des humains. La terre ne peut reprendre que tes dépouilles ; mais cette portion de toi-même, la plus précieuse, planera toujours dans cette enceinte ; tu n'auras perdu qu'une vile poussière, et ta mémoire sera constamment l'objet de nos hommages.

Le Vénérable ensuite députe trois FF∴ auprés des Membres, tenant à l'ordre, de la famille du R∴ F∴ défunt, pour les inviter à venir dans le sein de la réunion, participer aux honneurs destinés au Chef respectable que nous regrettons tous. Ils sont accueillis avec le sentiment le plus tendre ; et celui de la douleur avec lequel le F∴ *de Montaleau* a essayé de rendre ce qui se passait dans son ame, a, pour ainsi dire, fait expirer les expressions sur ses lèvres ; silence énergique, embarras précieux qui prouvent mieux l'excès de la sensibilité que les discours les plus étudiés et les plus éloquens.

Les diverses introductions dans le T∴ ont été accompagnées de morceaux d'harmonie d'un choix touchant, exécutés par des FF∴ Artistes éprouvés et célèbres.

Le Vénérable, en cet instant, se recueille, et d'un accent lugubre et solemnel, il s'écrie : LE R∴ F∴ ROETTIERS DE MONTALEAU N'EST PLUS ! ! !∴ (1)

Il répète cette annonce trois fois, et chaque fois elle est successivement répétée par les FF∴ Surveillans.

En ce moment, le F∴ *Bertin* chante :

____

(1) Ces paroles ont été consacrées par le Grand-Orient, et inscrites par son ordre sur l'urne cinéraire du F∴ ROETTIERS DE MONTALEAU.

RÉCIT.

Jour de deuil éternel !... Ces voûtes gémissantes
Trois fois ont dit : Roettiers n'est plus !
Et tous les cœurs, dans leurs plaintes touchantes,
Ont répété : Roettiers n'est plus !

On annonce ensuite que les dépouilles cinéraires du F∴ défunt sont déposées dans le voisinage du Temple ; le Vénérable invite les sept Commissaires qu'il a nommés à s'y transporter avec lui pour recevoir l'urne qui les renferme, et la déposer sur la colonne qui lui est destinée dans le centre de la L∴.

Les Vénérables Maîtres *Lansel* et *Trévilliers*, précédés par les Maîtres des Cérémonies, et suivis des sept Commissaires aux honneurs, chacun décoré d'une étoile, se portent à l'extérieur du Temple dans une chambre ardente tendue en noir, éclairée par une lampe funèbre, garnie d'un autel sur lequel repose l'urne cinéraire couverte d'un crêpe, surmontée d'une couronne d'immortelles, et ombragée par neuf branches d'acacia. A côté de l'urne, un coussin de satin noir est couvert des décorations, habit et bijoux maçoniques du R∴ F∴ défunt.

Le Vénérable F∴ *Lansel* et le Vénérable F∴ *Trévilliers* se saisissent de l'urne et du coussin ; les FF∴ Maîtres des Cérémonies et Commissaires des branches d'acacia, et transportent en silence ces tristes et précieuses dépouilles sur la colonne qui leur est destinée au centre de la L∴

Pendant ce transport, le F∴ *Bertin* chante la Cantate suivante.

CANTATE.

I.re STROPHE.

Muse tendre et plaintive ! ah ! redis nos regrets
A tous les Maçons de la terre ;
Et vous, à chaque instant comblés de ses bienfaits,
Infortunés, pleurez un père !

II.e STROPHE.

Que dis-je ! ô mes amis ! ce feu qui l'anima
Et qui survit à la matière ;
Veille encore au bonheur de tous ceux qu'il aima,
Et sur eux verse la lumière.

Les deux Vénérables et les Dignitaires des deux LL∴ se rapprochent majestueusement de la colonne sur laquelle repose l'urne, en font trois fois le tour, lui présentent l'hommage de leurs regrets, la couronnent de fleurs et retournent à leurs places.

Le Vénérable alors accorde la parole au F∴ *Caille*, Orateur de la R∴ L∴ de l'*Amitié*.

Cet estimable F∴, dont les talens oratoires ont éclaté dans toutes les circonstances, s'est surpassé lui-même dans l'Oraison funèbre du F∴ *de Montaleau*. Son Discours est couvert de tous les suffrages maçoniques, et par une musique qui semblait accompagner et entretenir l'impression que cette lecture avait laissée dans l'ame de tous les FF∴

ÉLOGE FUNÈBRE

DU R∴ F∴ ROËTTIERS DE MONTALEAU,

Prononcé par le F∴ CAILLE, Orateur de la R∴ L∴ de l'Amitié.

VV∴; FF∴ 1.er et 2.e SS∴; Off∴ du G∴ O∴; FF∴ Visiteurs; et vous tous mes FF∴ des deux LL∴ réunies du *Centre des Amis* et de l'*Amitié.*

Au milieu des regrets unanimes qu'inspire aux enfans de la Lumière la perte du F∴ *ROËTTIERS DE MONTALEAU*, qu'attendez-vous de vos Orateurs, qui ne soit au-dessous de la douleur dont nous sommes tous pénétrés? La mort vient d'enlever à chacun de nous un ami tendre, et à l'Ordre entier l'un de ses plus fermes appuis. Cette pénible séparation est mieux sentie qu'elle ne peut être exprimée.

Cependant vous nous avez chargé de vous retracer les principales époques de sa vie. Il nous convient de vous faire hommage de l'impuissance même de nos efforts. Daignez ne pas oublier que dans ce jour de deuil, il nous faut entretenir de ses actions ceux mêmes qui en furent les témoins et les confidens ; que long-tems avant nous, vous aviez apprécié ses qualités, jugé son cœur, et que le véritable éloge de ses vertus modestes est dans l'affectueux souvenir que vous en conservez.

Alexandre-Louis ROETTIERS DE MONTA-LEAU naquit à Paris en 5748, le 24 novembre ; nous ne devons point vous rappeler qu'il était issu d'une famille noble, originaire de la Flandre-Wallone. Mais nous nous garderons de passer sous silence un évènement qui exerça la plus grande influence sur la prospérité de sa maison ; voici cet évènement :

Philippe Roëttiers, son trisaïeul, né à Anvers en 5596, resta orphelin dès sa plus tendre enfance. Il fut dépouillé de ses biens par les Jésuites, à qui sa mère, avant de mourir, avait confié sa tutelle. Cependant il reçut la meilleure éducation. Instruit enfin dè la perte de sa fortune, il prit conseil du malheur, et profita de l'offre que voulut bien lui faire un orfévre, de lui apprendre son état. Ses progrès dans le dessin furent rapides. Contemporain de Rubens et de

Wandick, il fut animé de leur divin enthou-
siasme ; il s'appliqua particulièrement à la
gravure des monnaies et des médailles. Il
porta cet art au plus haut degré de perfec-
tion, et l'on rechercha de toutes parts ses
ouvrages. Il compta au nombre de ses admi-
rateurs Charles II, roi d'Angleterre, qui,
dans le long séjour qu'il fit à Anvers, alla
souvent le visiter, et logea même quelque
tems chez lui.

Ses trois fils, Jean, Joseph et Philippe
Roëttiers, formés par lui dans la gravure
des monnaies et des médailles, se montrè-
rent en tout dignes de leur père. Ils s'atta-
chèrent à Charles II et le suivirent en Angleterre, lorsqu'il monta sur le trône. Jean
fut nommé graveur général des monnaies
de la Grande-Bretagne ; Joseph fut pourvu
du même office en France ; et Philippe obtint une pareille place de la cour d'Espagne
dans les Pays-Bas.

Norbert Roëttiers, fils de Jean, né en
Angleterre, y fut également graveur général des monnaies. Il suivit le roi Jacques II
lors de sa retraite en France. Louis XIV,
dont le génie allait honorer le mérite jus-
ques à l'étranger, lui conféra le titre de gra-

veur général des monnaies et des médailles ; il fut reçu membre de l'Académie royale de peinture et de sculpture en France, où il lui fut expédié des lettres de naturalité en 5719.

Son fils, Jacques Roëttiers, père de celui que nous pleurons, fut tenu sur les fonds de baptême à Saint-Germain-en-Laye, par Jacques III, roi d'Angleterre, en personne, et par la duchesse de Pesthe. Dès sa jeunesse, il fut nommé, comme son père, graveur général des monnaies de la Grande-Bretagne. Il fut également élu membre de l'Académie royale de peinture et de sculpture de France. Un arrêt du Conseil l'investit de la charge d'orfévre de Sa Majesté Très-Chrétienne, en 5732.

Si nous ajoutons que dès l'année 5720, Charles VI, empereur d'Allemagne, avait délivré un diplôme confirmatif de la noblesse, avec le titre héréditaire de chevalier de l'Empire romain, à François Roëttiers, grand-oncle d'Alexandre-Louis, et qui fut l'un des plus habiles graveurs de son tems, professeur et membre de l'Académie royale peinture et de sculpture de France ; si nous vous montrons, cinquante-deux ans après,

Louis XV accordant la même confirmationt à Jacques Roëttiers, son neveu, c'est pour achever l'intéressant tableau de plus de deux siècles d'illustration personnelle dans Philippe Roëttiers et ses descendans. Pouvions-nous ne pas vous retracer le spectacle des premières Cours de l'Europe, occupées d'âge en âge de récompenser, dans cette race, l'hérédité des talens et des mœurs?

Ici, mes FF∴, vous faites d'avance un rapprochement qui va devenir de plus en plus sensible; c'est qu'il est dans la destinée de cette famille de mériter en tout tems, la protection des princes les plus éclairés.

Alexandre-Louis Roëttiers de Montaleau, après avoir fait ses études, forma la résolution de marcher sur les traces de ses ancêtres, et se livra entièrement au dessin et à la sculpture. Il devait succéder à Norbert Roëttiers, l'un de ses grands-oncles, qui, alors était graveur général des monnaies et des médailles de France. Il fit, pour sa réception, le portrait gravé de Louis XV; mais ce roi étant mort, il renonça à ses premiers projets.

En 5775, il épousa M.lle Adélaïde-Marguerite-Justine Petit, qui fut la meilleure des épouses et la plus tendre des mères. Il traita successivement des charges d'auditeur et de maître des comptes, et les occupa pendant vingt ans avec distinction.

En 5790, il fut nommé directeur de la monnaie de Paris ; il en a rempli les fonctions avec la plus sévère probité pendant neuf années.

Pendant l'anarchie, époque à jamais déplorable, où toutes les idées sociales furent confondues, tous les principes anéantis, où la dépravation dans l'état fut portée à ce point que la vertu ne trouva plus d'honneurs que dans la proscription ; le F∴ *Roettiers de Montaleau* fut arrêté et jeté dans les cachots de la terreur, ainsi que des milliers d'autres victimes. Gloire, gloire immortelle à son épouse ! C'est à son héroïque dévouement qu'il fut redevable du miracle de son salut. Hélas ! il eut le malheur de la perdre quatre années après ; il en a toujours été inconsolable.

Le F∴ *Roettiers de Montaleau*, dans ce trop long interrègne, rendit les services les plus signalés à notre Ordre, auquel il était attaché depuis plus de vingt-cinq ans. Il sauva les archives du G∴ O∴; il ouvrit un nouveau Temple aux Maçons dispersés; il les réunit dans une L∴ qui depuis a si bien justifié son heureuse dénomination du *Centre des Amis.* Ce fut là qu'il déposa le feu sacré de notre institution, sous la sauvegarde des vertus et des talens.

Bientôt le G∴ O∴ de France régénéré obtint pour G∴ M∴ le roi de Naples, auguste frère de NAPOLÉON-LE-GRAND, l'Archi-Chancelier de l'Empire et le grand Duc de Berg, furent nommés ses adjoints. Le F∴ ROETTIERS DE MONTALEAU fut revêtu de la dignité de Représentant particulier du G∴ M∴, dignité qui vient d'être conférée à son fils aîné, par un prince qui nous est cher, et dont la faveur est une récompense.

Oui, c'est au F∴ ROETTIERS DE MONTALEAU que nous devons le maintien de cette antique association, où les inspirations du cœur se changent en douces habitudes, où le double dogme de l'existence de Dieu et de l'immortalité de l'ame est professé, où la tolérance morale s'allie avec toutes les croyances religieuses, où la bienfaisance répond seule aux calomnies des profanes.

Il est une dernière circonstance de la vie civile du F∴ *Roettiers de Montaleau*, que nous ne devons pas omettre, c'est que l'année dernière, il a été nommé par l'assemblée électorale du département de la Seine, candidat au Corps-Législatif, où, depuis long-tems, tous les vœux et d'illustres suffrages avaient désigné sa place.

Dans le mois de septembre dernier, an 1807 de l'ère vulgaire, il voyagea dans le Midi de la France, et alla aux Pyrénées, au sommet desquelles il monta. Là, son premier devoir fut de marquer cette journée par un acte maçonnique. Il composa, avec les Frères qui l'avaient accompagné, une Loge parfaite sous le titre distinctif de *Marmoré*, unie à celle de l'*Amitié*, O∴ de Paris. Trois roches se transformèrent aussitôt en autels, pour lui comme Vénérable, et pour les deux Surveillans, les FF∴ *Thiéry*, de Caen, et *Lartigue*, de Bordeaux. Dans cette Loge, furent accordées différentes initiations et affiliations.

Le F∴ *Roettiers de Montaleau* traça lui-même la planche de ces travaux extraordinaires. A son retour à Paris, il en donna lecture à la R∴ L∴ de l'*Amitié*, qui l'approuva : elle est déposée au G∴ O∴ ; le style en est simple et touchant. Il se ressent de la noble exaltation de son ame. Elevé à quatorze cens toises au-dessus du niveau de la mer, il se trouva plus rapproché de la Divinité. Je ne sais s'il fut alors frappé du pressentiment de sa mort prochaine ; mais cette planche semble être le prélude de ses adieux à la terre. « Je ne doute pas, y dit-» il, que dans les siècles reculés, les roches » qui nous ont servi d'autels ne se retrou-» vent comme un symbole de notre amour » pour la Maçonnerie. »

Hélas ! le F∴ *ROETTIERS DE MONTA-LEAU*, encore plein de vigueur, touchait au terme de sa carrière ! La mort d'une épouse adorée et celle d'une fille chérie, son arrestation pendant l'anarchie, de longs travaux, avaient altéré son sang. La maladie se déclara ; les secours de la Médecine furent inutiles. Cependant il ranima ses forces le jour de la fête de l'Ordre ; il s'arracha de son lit et vint assister à cette tenue solennelle. Tous les yeux se fixèrent sur lui avec l'intérêt le plus réciproque. Il nous salua tous comme ne devant plus nous revoir. En effet, son mal s'étant aggravé depuis, il succomba le 30 janvier 1808 (de l'ère vulgaire.)

Quelle fatale nouvelle pour toutes les Loges de France, que celle de sa mort ! Un nombreux concours de FF∴ assista à ses funérailles ; on se porta en foule au lieu de sa sépulture.

Nous ne pouvons vous rendre, mes FF∴, l'émotion continuelle et déchirante que nous causa à tous la vue de deux des fils du F∴ *Roettiers de Montaleau*, qui suivaient son convoi ; l'un était pétrifié de douleur, l'autre fondait en larmes. On ne parvint à les éloigner de la tombe de leur père, qu'après que la terre eut pour jamais dérobé ses tristes restes à leurs regards !

O déplorable condition de notre être ! Les générations se transmettent en courant le flambeau de la vie. A peine l'homme a-t-il l'instant de marquer son existence. Celle du F∴ *Roettiers de Montaleau* s'est distinguée par l'accomplissement des devoirs d'un excellent citoyen, d'un bon époux et du plus sensible des pères.

Sa mémoire, son exemple et ses trois fils, membres de la R∴ L∴ de *l'Amitié*, nous restent ; voilà ce qui lui survit parmi nous. Son nom sera consacré dans les fastes de notre Ordre. Déjà deux Loges célèbres se sont empressées de lui élever ce premier monument de la reconnaissance et de l'affection. Tel est le caractère que les commissions des deux Loges ont si dignement imprimé à cette pompe funèbre.

Nos dernières expressions vous appartiennent, ô vous, les fils d'un F∴ que nous ne cesserons de regretter. Nous venons de rouvrir dans vos cœurs une blessure récente et que le tems ne peut cicatriser. Souvenez-vous qu'elle est commune à tous les Maçons. Cependant quelle n'a pas été la consolation du G∴ O∴ et de la R∴ L∴ de l'*Amitié*, de pouvoir faire succéder l'aîné d'entre vous aux dignités dont votre respectable père était décoré dans leur sein ! Déjà recommandables par vos qualités personnelles, vous continuerez de marcher dans le sentier que vos aïeux vous ont tracé ; vous recueillerez sur leurs vertus et leurs services des témoignages universels ; mais il en est un qui les renferme tous, et que nous aimons à vous rendre ; c'est que vous ne pouvez vous proposer de modèles que vous ne les trouviez dans votre propre famille.

Ensuite les FF∴ *Bertin*, *Nourrit* et *Eloi*,

artistes de l'Académie impériale de musique, chantent le morceau suivant.

T R I O.

Ranime-toi, froide poussière,
Reçois nos baisers et nos pleurs.

Du sentiment semons les fleurs
Sur le tombeau de notre Frère.

Mêlez un charme à nos douleurs ,
Souvenirs consolans qu'il laisse sur la terre !

Le Vénérable accorde la parole au F∴ *Bacon de la Chevalerie* , Grand-Orateur d'honneur de la R∴L∴ du *Centre des Amis.* Ce R∴ F∴ retrace , avec cette sensibilité qui le caractérise , dans un tableau succinct mais énergique , les titres maçoniques et les qualités morales du R∴ F∴ de *Montaleau* , avec lequel il était lié par les nœuds de l'amitié la plus vraie.

DÉTAILS

SUR LA CARRIÈRE MAÇONIQUE
ET LES QUALITÉS MORALES

De feu le R∴ F∴ ROETTIERS DE MONTALEAU, Représentant particulier du Grand-Maître de l'Ordre en France ;

Présentés par le R∴ F∴ BACON DE LA CHEVALERIE, Grand-Officier d'honneur honoraire du G∴ O∴ de France, et Grand-Orateur d'honneur de la R∴ L∴ du Centre des Amis, aux deux RR∴ LL∴ de l'AMITIÉ et du CENTRE DES AMIS réunies, le 5.ᵉ jour du 1.ᵉʳ mois de l'an de Lumière 5808, pour consacrer, dans une Pompe funèbre maçonique, l'hommage de leur reconnaissance des soins constans que le R∴ F∴ de MONTALEAU s'est donnés, pendant un grand nombre d'années, pour entretenir la plus tendre harmonie dans les deux RR∴ LL∴ qu'il a présidées, à diverses reprises, en qualité de Vénérable.

TT∴ RR∴, TT∴ VV∴ et TT∴ CC∴ FF∴,

INVITÉ par la R∴ L∴ du *Centre des Amis*

à parler, en son nom, dans cette auguste et triste cérémonie, je m'en suis défendu, autant par respect pour les cendres de l'objet intéressant qui excite nos regrets, que par le sentiment de ma propre insuffisance.

Comment, en effet, puis-je remplir une fonction aussi délicate ? Faire l'éloge d'un F∴ décédé, ou prononcer une oraison funèbre, n'est point à ma portée, ni dans mes principes ; et quand je me croirais les talens nécessaires pour remplir dignement vos vues, je me garderais bien de métamorphoser la chaire de bienfaisance en tribune aux harangues ou en fauteuil académique.

Je dois néanmoins satisfaire aux intentions de la R∴ L∴ du *Centre des Amis*, en tout ce qui dépend de moi ; ce n'est point un discours que je vais prononcer. Le R∴ F∴ que nous avons perdu était mon ami ; une simple narration des faits qui le concernent, et qui me sont connus, est tout ce que je me permettrai dans cette touchante circonstance. Je dois donc me renfermer dans les bornes de ses titres maçoniques et de ses qualités morales. Ne cherchez point dans mes paroles, TT∴ CC∴ FF∴, les graces du style, ni la pompe du langage ; le triste aca-

cia et le morne cyprès sont peu propres à
faire éclore des fleurs de rhétorique d'un
organe usé par les ans ; mais si la portion du
feu divin dont notre digne F∴ fut animé,
désormais retournée à son principe, pouvait
encore porter quelques regards sur cette
terre de tribulation, je me pénètre de la
pensée qu'elle approuverait les détails que
j'ai à vous présenter avec la naïve candeur
qui, de tout temps, fut l'organe et l'em-
blême de la vérité.

ÉPIGRAPHE.

Nous le cherchons en vain, nous ne le verrons plus ;
Pour nos sensibles cœurs, quelle cruelle épreuve !
Nos desirs, notre amour, nos soins sont superflus.....
Éternelle douleur aux Enfans de la veuve !

Le R∴ F∴ Alexandre Louis Roëttiers de
Montaleau fut reçu M∴ dans la R∴ L∴ de
l'*Amitié* de cet Orient, en l'an 5775. J'assis-
tai à cette intéressante acquisition pour
l'Ordre.

Il fut nommé député de la même L∴ au-
près du G∴ O∴ en 5779.

Elu expert dans la Chambre des Provinces
en 5780.

Il a succédé au Vénérable F∴ Boucault,

démissionnaire , dans la présidence de la Chambre des Provinces en 5787.

La présidence de la Chambre d'Adminis-tration , vacante par la mort du V∴ F∴ Tassin , l'une des victimes de la révolution , lui fut conférée en 5793.

Par une faveur du G∴ A∴ de l'univers , à jamais mémorable , dans les jours désas-treux qui ont accablé de fléaux notre infor-tunée patrie , pendant que la subversion était générale, les liens qui attachent irrévo-cablement les Chev∴ MM∴ furent les seuls respectés , les seuls auxquels il ne fut pas même porté la plus légère atteinte ; et par une suite de cette protection divine , pen-dant la langueur des travaux et de la corres-pondance maçoniques, les archives du G∴ O∴ furent préservées du rapt et de l'incen-die. A qui l'Art royal est-il redevable de cet éclatant bienfait ? A la conduite sage et cir-conspecte des membres, trop peu nombreux, qui conservèrent le feu sacré. Qui dirigeait alors leurs travaux ? le R∴ F∴ de Monta-leau.

La raison exigeait que le zèle actif qu'il déploya pour subvenir à l'acquittement des engagemens du G∴ O∴, pour sauver et conserver ses archives dans les temps les plus orageux, obtînt sa récompense ; aussi le R∴ F∴ de Montaleau, en 5795, fut élu (*una voce*) Grand-Vénérable de la Maçonnerie française.

La création d'un Office aussi honorable ne fut cependant que provisoire ; la modestie seule du R∴ F∴ mit des bornes à la justice que les membres qui représentaient le G∴ O∴ se seraient empressés à lui rendre, et, s'il ne s'y fut opposé, dès-lors il eût été nommé Grand-Maître de l'Ordre.

Pendant sa longue magistrature, il s'est occupé, sans relâche, en bon père de famille, à rapprocher du centre commun toutes les portions dispersées ou égarées des ouvriers du Temple.

Il parvint aussi à rendre les archives du G∴ O∴ dépositaires de celles du Chapitre écossais d'Hérédon, constitué à l'O∴ de Paris par Edimbourg, en 5721. Il fonda le Chapitre général dans le sein même du G∴ O∴, et, ayant appelé les RR∴ LL∴ de l'*Amitié* et du *Centre des Amis* à concourir à cette fondation, il leur acquit l'avantage unique et précieux de procurer à ceux de leurs membres pourvus des hauts grades, le droit de participer , *sans difficulté et à jamais* , à tous les travaux du Chapitre général.

Il opéra la réunion au G∴ O∴ et la déposition des titres dans ses archives , des LL∴ dissidentes dans toute l'étendue de l'Empire, depuis l'époque de la fondation du G∴ O∴, sous la dénomination de Grand Orient de Clermont (ci-dev. Grande Loge de France).

En 5804 , il ménagea un rapprochement durable entre les RR∴ LL∴ qui professent le Rit ancien accepté, et le G∴ O∴ de France, et nous ne pouvons pas nous dissimuler que la scission dont l'Art-Royal était alors menacé , tendait à troubler essentiellement l'uniformité et la tranquillité des travaux infatigables des nombreux Ateliers qui décorent dans toute l'étendue de sa circonférence la surface de l'Empire français.

Je suis témoin des efforts soutenus que ce R∴ F∴ a employés pour parvenir à envelopper dans le cercle de l'union générale les LL∴ de Marseille et de Rouen , qui se qualifient de Mères LL∴ ; efforts dont il se flattait d'obtenir un heureux succès, avec d'autant plus de raison que ces LL∴ tiennent leurs pouvoirs constitutifs d'Orients étrangers à la Mère patrie , et avec lesquels le G∴ O∴ n'est même point en relation.

Il sentait l'importance de travailler efficacement à déraciner ce fâcheux esprit de prétentions, qui s'étant insensiblement introduit dans plusieurs Ateliers, y produit une sourde fermentation, d'où s'exhalent de temps en temps quelques vapeurs que l'on peut légitimement qualifier d'immoralités maçoniques. Notre R∴ F∴ était intimement persuadé que, de l'intéressante réunion de tous les MM∴ de France, objet de ses vœux et de son espoir, dépendait un succès plus important encore, qui porterait au plus haut période la gloire de l'Ordre en France, en atteignant son but essentiel, l'*établissement d'un grand acte de bienfaisance national et permanent.*

Le Traité de conciliation fraternelle entre le Rit ancien accepté et le G∴ O∴ de France, produisit entre autres la création de deux offices de représentans particuliers du G∴ Maître, avec le rang de Grands Officiers d'honneur. L'un de ces offices fut conféré au R∴ F∴ de Montaleau en 5804. Cela rendit nécessaire une communication active entre le Sérén∴ F∴ le prince Cambacérès, 1.er G∴ Maître adjoint, et son représentant. Plus connu de cet illustre et T∴ R∴ G∴ M∴, il n'eut point de peine à conquérir une confiance méritée, et il faut convenir que c'est à ses soins que nous devons les preuves multipliées que donne l'illustre F∴ archichancélier de l'Empire, de son attachement tutélaire à l'Ordre en général et en particulier au corps représentatif de la Maçonnerie de France.

MM∴. TT∴. CC∴. FF∴∴;

Si c'est par les actions qu'on doit apprécier les hommes, trois faits constans que je vais vous soumettre vous feront juger si le R∴ F∴ de Montaleau fut doué d'un caractère noble et généreux, s'il fut bon frère et ami délicat.

Pendant les jours brillans de la Maçonnerie, jours heureux où nos FF∴ se plaisaient à procurer à leurs Maçonnes des dissipations agréables et décentes, par des réunions toujours couronnées de quelques actes de bienfaisance dignement appliqués ; la parfaite composition de la R∴ L∴ de l'*Amitié* et la douce et fraternelle union qui régnait entre ses membres, favorisaient ces délicieux et fréquens rapprochemens dans un local auquel le peuple , satisfait du résultat de ces fêtes , avait donné , de son propre mouvement , le nom de *Jardin de l'Amitié*.

Un accident vint troubler la sérénité de l'une de ces charmantes journées. Au moment de la représentation d'une petite pièce analogue à la fête , le feu prit à la guirlande qui suspendait un des lustres , et se communiqua rapidement à la tente qui formait le grand salon et préservait nos Sœurs des atteintes dangereuses d'un soleil ardent.

En un instant le salon fut évacué ; mais l'action du feu était si vive que la tente , les lustres , les glaces en furent la proie , malgré les prompts secours qu'y portèrent les pompiers , toujours appelés d'avance dans ces sortes de fêtes. Les tentes et autres décorations avaient été tirées du dépôt des Menus-Plaisirs du roi , et prêtées à la L∴ de l'*Amitié* ; il fallut les remplacer ; la dépense fut considérable. Le R∴ F∴ de Montaleau voulut en être chargé , et se refusa à la juste répartition à laquelle chacun des souscripteurs de la fête eût dû participer , procédé d'autant plus noble , que le R∴ F∴ n'était point encore Vénérable de la L∴ de l'*Amitié*, dont il a depuis présidé les travaux avec autant de succès que de distinction.

Un Frère de la même L∴, lancé fort jeune dans le tourbillon du grand monde, et jouissant d'une fortune considérable, en usait souvent sans mesure ni prévoyance. Lié intimement avec le R∴ F∴ de Montaleau, plusieurs fois il avait eu recours à lui pour compléter ses engagemens, et pendant le cours de plusieurs années, il était assez fréquemment retourné à la charge, sans jamais avoir éprouvé de refus, ni fourni de reconnaissances. Ces sommes répétées pouvaient s'élever à celle de trente mille francs. Les moyens personnels de ce F∴ imprudent, quoiqu'immenses, se trouvèrent en même temps épuisés et son tempérament usé ; une maladie de langueur le conduisit à son terme.

Dans cet état désespéré, notre R∴ F∴ de Montaleau remplit envers lui tous les devoirs de la fraternité ; mais il eût cru commettre un acte d'inhumanité s'il eût réclamé un titre pour assurer la créance née de l'effusion de l'amitié : il préféra d'en faire un entier sacrifice.

aans

Le dernier trait que j'ai à citer, TT∴ RR∴ FF∴, n'est pas à beaucoup près autant onéreux pour le F∴ de Montaleau, mais il porte aussi son caractère.

Un Frère sortant d'une longue captivité, sa fortune se trouvant sous les liens du séquestre, dans lesquels elle subsiste encore, eut aussi recours, dans sa détresse, au R∴ F∴, objet de nos regrets, qui lui ouvrit noblement sa bourse, et ne lui en a jamais parlé depuis plus de dix ans. Cependant ils se sont vus presque tous les jours, et la somme est assez forte pour la circonstance actuelle. Méditez, MM∴ FF∴, et jugez.

Quant à moi, je m'écrie douloureusement, de quel Frère, de quel ami nous allons couvrir de fleurs les précieux restes ! Pendant trente-trois ans qu'a duré mon intimité particulière avec lui, pas un nuage ne s'est élevé entre nous. Je suis enveloppé des témoignages de son amitié, il m'a consolé dans mes revers, et soutenu dans les traverses qui ont exercé ma constance. Tel est l'effet d'un sentiment né de l'estime réciproque et de l'égalité dans les caractères. L'homme vraiment malheureux, nageât-il dans l'abondance, est celui qui n'a point d'ami : l'adversité n'est qu'un *mot* pour l'homme que le ciel a favorisé du don d'un véritable ami ; mais l'ami qui nous quitte *à jamais* semble emporter avec lui la meilleure portion de nous-mêmes.... Je l'ai perdu ! je l'ai perdu ! et cependant l'aurore de mon existence précédait la sienne de près de quatre lustres.... Que le G∴ A∴ daigne m'accorder des forces pour supporter cette trop sensible atteinte !

Le R∴ F∴ de Montaleau fut bon fils, tendre époux, excellent père, bon citoyen, maître humain, juste et libéral, et il n'est pas nécessaire de vous répéter à quel point il porta son attachement pour ses Frères.

Après avoir été pendant *vingt-sept ans* Officier au G∴ O∴ de France, ce rare modèle de toutes les vertus a été enlevé du sein de ses FF∴ le trentième jour de l'onzième mois 5807. Il était environné de sa famille; et comme l'éternelle Providence veille toujours à maintenir la balance entre les biens et les maux départis à la faible humanité, elle lui ménagea la consolation d'avoir vu, avant cette douloureuse séparation, ses deux fils aînés couronnés, l'un des suffages flatseurs de ses Concitoyens , et l'autre des lauriers de la gloire.

Le R∴ F∴ Alexandre Louis de Montaleau n'est plus..... Mais, que dis-je? il n'est plus ; ah ! quelle erreur ! Ses œuvres et ses qualités morales ne seront-elles pas toujours présentes à la mémoire et au cœur des bons Maçons?

Il avait paru désirer que ses dépouilles matérielles fussent déposées dans son jardin ; et il avait fait en conséquence disposer, pour les recevoir, un bosquet dont les formes semblent indiquer cette intention. . . . Aux yeux de la philosophie, la terre la plus sainte est celle qui renferme les restes de la vertu.

Le R∴ F∴ Montaleau a vécu en philantrope, il est mort en philosophe. Trois jours avant ce moment fatal, un de ses amis, son allié, parvint jusqu'à son lit. Notre R∴ F∴ le reconnut, lui tendit la main, et lui dit avec tranquillité :

« Je vais faire le grand voyage. » Il ajouta, avec l'expression de la plus tendre paternité : « Mes plus jeunes enfans avaient ce- » pendant besoinque je vécusse encore quel- » ques années. »

Indépendamment d'une lowtonne et d'une

petite fille orpheline de mère, l'une et l'autre encore dans le premier âge, il a laissé trois lowtons : c'est le plus riche don que le R∴ F∴ ait pu faire à l'Ordre.

L'un, à peine parvenu à l'aurore de la maturité, a mérité une place de confiance dans l'Ordre Civil ; place où ne sont généralement appelés que des hommes consommés et d'un zèle éprouvé ; il est adjoint à la mairie de l'onzième arrondissement.

Dans le G∴ O∴ de F∴, ce R∴ F∴ a réuni la majorité des suffrages pour le remplacement provisoire du digne objet de cette touchante cérémonie ; et le Sérénissime G∴ M∴, l'illustre F∴ Cambacérès, a confirmé ce vœu.

Le second fils, encore adolescent, a su se distinguer parmi les défenseurs de la Patrie, et conquérir, par son courage, les épaulettes qu'il a refusé d'acquérir par les protections que lui eût procurées son père. Sa promotion au commandement de ses anciens camarades n'a été qu'un aliment pour son zèle, et bientôt sa valeur lui eut mé- la décoration de l'honneur dont nous voyons déjà son jeune cœur couvert.

Le troisième rejeton entre dans son ado-

lescence, et déjà s'annonce avec tant d'avan-
tages, que la R∴ L∴ de l'Amitié s'est
empressée à lui conférer le premier grade
dans l'Ordre∴.

Nous devons jouir de la flatteuse certi-
tude que les fils d'un tel père fortifieront
les colonnes d'un Temple qu'il a soutenues
dans son plus grand ébranlement, par sa
sagesse, sa prudence et son courage.

Je vous ai peint les qualités maçonniques
et morales du R∴ F∴ qui nous laisse d'éternels regrets∴.

Je pourrais, je voudrais, je devrais peut-
être en dire beaucoup plus, MM∴ CC∴ FF∴.
Permettez que je m'arrête, et soyez convaincus que chaque ligne tracée dans ce
détail succinct m'a coûté un soupir.

Les traits divers de ce tableau ne pouvaient
manquer leur effet; aussi ont-ils été saisis
par tous les FF∴ avec le plus vif intérêt.
Les détails précieux qu'il renferme ont été
entendus avec cette profonde émotion qui les
avait dictés; tous les yeux se sont trouvés
baignés de larmes, et les cœurs sont restés

pénétrés de la sensibilité touchante qui en avait inspiré l'expression.

Après cette lecture, les FF∴ *Bertin* et *Nourrit* chantent le morceau suivant :

D U O.

Maçons pleurez un Frère,
   Célèbre enfant de la lumière,
 Il a vécu !... ses travaux sont finis !...
Mais il vivra toujours } Au Centre des Amis.
Pleurons tous un bon Frère }

   A ses vertus rendons hommage ;
   Zélé Maçon, illustre sage ,
   Il goûte au céleste héritage
   La suprême félicité ;
Il resserra les nœuds de la fraternité ;
Son image respire } Au sein de l'Amitié.
Pleurons tous un bon Frère }

Le V∴ annonce à tous les FF∴ que les derniers honneurs vont être rendus aux cendres du R∴ F∴ *Roëttiers de Montaleau.*

L'urne qui les représente est transportée par les mêmes FF∴ qui l'ont introduite dans le Temple, et avec les mêmes cérémonies ; déposée sur un autel pratiqué dans un caveau, elle est couronnée d'un triangle de fleurs, et entourée d'acacias et de cyprès. Tous les FF∴ suivent processionnellement,

descendent l'escalier qui conduit au sou-
terrain ; une symphonie lugubre se fait entendre ; des corbeilles pleines de fleurs se
trouvent au pied de l'autel ; chaque F∴
s'arrête, jette par trois fois des fleurs sur
l'urne , salue maçoniquement les tristes
restes d'un F∴ si justement regretté , et
poursuit sa route pour rentrer dans le T∴
par un second escalier.

Tout le chemin était décoré de crêpes ,
et éclairé par des lampes sépulchrales ; la
L∴ seule présentait 81∴ étoiles et quelques
transparens.

Au haut de l'escalier qui conduit au sou-
terrain, on lisait l'inscription suivante :

> Maçons dont l'ame bienfaisante
> Fut l'honneur de l'humanité ,
> Ici l'Etoile flamboyante
> Vous guide à l'immortalité∴

Le triangle de fleurs placé au - dessus de
l'urne renfermait cette inscription :

> Dans le céleste asile
> Des sages, des héros,
> Roëttiers, après ses longs travaux ,
> Goûtant un bonheur plus tranquille,
> Jouit au sein d'une éternelle paix ,
> Du souvenir des heureux qu'il a faits.

Au retour du cortège des FF∴ dans le Temple , l'harmonie fait entendre des chants de gloire et de félicité.

Après que les derniers témoignages d'attachement fraternel à la mémoire du R∴ F∴ de *Montaleau* , ont été ainsi exprimés , le V∴ F∴ *Lansel* rapproche tous les Membres qui ont concouru à cette triste et touchante cérémonie ; la chaîne d'union se forme , et le baiser de paix est donné et reçu généralement avec cette sensibilité profonde qui semble ennoblir et redoubler les charmes de l'amitié fraternelle.

On a vivement remercié le F∴ *Pillon-Duchemin* , auteur des inscriptions et des morceaux de chant ; le F∴ *Bertin* , auteur de la musique , ainsi que les FF∴ *Nourrit* et *Eloy* , et tous les CC∴ FF∴ qui ont si parfaitement rempli le vœu des deux LL∴ réunies , dans l'exécution de l'harmonie.

Tous les Membres qui composaient cette nombreuse réunion , pénétrés de la plus vive satisfaction de l'ordonnance de la pompe, et de l'ordre qui a régné dans l'exécution de toutes les parties des travaux du jour, n'ont pu se dispenser d'en exprimer leur reconnaissance aux FF.˙. ordonnateurs de cette cérémonie funèbre.

Les Commissaires auxquels on en a l'obligation, sont, pour la L.˙. de l'AMITIÉ, les CC.˙. FF.˙. *Caille*, *David*, *Obled-de-Choisy* et *Villette*; et pour la R.˙. L.˙. du CENTRE DES AMIS, les CC.˙. FF.˙. *Foraisse*, *Bourret*, *Mévolhon* et *Pillon-Duchemin*.

Après que la boëte de secours a été présentée sur les colonnes, la Pl.˙. des travaux du jour est lue et approuvée; l'impression en est arrêtée, ainsi que celle des morceaux de poésie et de chant, et des discours prononcés dans cette auguste et touchante cérémonie.

Les travaux ayant été fermés selon les formes prescrites, les FF.˙. se sont retirés dans la paix d'un doux recueillement, convaincus que si, au milieu des traverses dont la vie est agitée, il est des plaisirs plus vifs et plus enivrans, il n'en est point de plus purs et de plus consolans, que ceux qui naissent au sein de la fraternité.

Nota. Des affaires impérieuses avaient empêché le F.˙. *Ouizille*, Orateur de la

R∴ L∴ du *Centre des Amis*, de participer aux travaux du jour, et de mêler ses larmes à celles de ses FF∴ dans cette auguste et touchante cérémonie.

Ce Frère, jeune encore, mais dont le zèle égale les talens, s'est empressé de venir à la séance suivante exprimer tous ses regrets, et payer son juste tribut d'hommages à la memoire de l'Illustre F∴ que l'Ordre entier regrettera toujours. Voici le morceau d'architecture du C∴ F∴ *Ouizille*, prononcé le 13.ᵉ jour du 2.ᵉ mois de cette année.

MORCEAU D'ARCHITECTURE

Prononcé par le F∴ OUIZILLE, Orateur de la R∴ L∴ du Centre des Amis.

TT∴ VV, FF∴ 1.er et 2.e Surv∴, Off∴ Dign∴ et vous tous MM∴ FF∴,

« Les circonstances qui m'ont tenu éloigné de cette enceinte, m'ont empêché de figurer parmi vous dans la touchante cérémonie qui avait pour but d'honorer la mémoire de notre illustre F∴ Roettiers-de-Montaleau qu'une mort imprévue a enlevé à notre amour et au grand corps de la Maçonnerie qu'il animait par son activité.

C'eut été pour moi un devoir bien doux à remplir que celui de mêler ma voix au concert de louanges que vous avez adressé à ses mânes.

Mais puisque je n'ai pu confondre mes douleurs avec les vôtres, qu'il me soit permis de lui payer ici mon tribut personnel.

Ombre chérie ! Si mes larmes n'ont pas coulé sur ta cendre avec celles de mes FF∴; si je n'ai pas déposé la branche de cyprès sur ta tombe, ma douleur n'en a été ni moins vive ni moins sentie. Le denil dont cette enceinte était attristée, je le portais dans mon cœur ; ils retentissaient au fond de mon ame ces accens déchirans qui ont éclaté sous les voûtes de notre temple !

Si je n'essaye pas à retracer ici les vertus qui te rendaient si cher à tous les Maçons et qui t'honoreront à jamais dans leur souvenir ; si je me refuse au plaisir d'énumérer tes titres à notre reconnaissance et à nos regrets, ce n'est pas que je veuille ravir à ta mémoire un tribut légitime ; mais je craindrais de gâter, en le retouchant, l'éloge offert à tes mânes par l'éloquente sensibilité de notre Orateur d'honneur. Eh ! qui pouvait te louer plus dignement que celui qu'une longue fraternité avait mis en rapport avec ton ame, et que son expérience et ses lumières constituaient le véritable juge de ton mérite !

Pour moi que ma jeunesse exclut du rôle de panégyriste, et qui suis réduit à t'admirer, n'osant pas te louer, je m'estimerai heureux si du sein de l'immortalité où tu reposes, tu daignes sourire à ce faible hommage d'un Frère qui a fait sous toi l'apprentissage des vertus maçoniques, et mettra toute sa gloire à marcher sur tes traces.

Collationné par nous VV∴ et Officiers dignitaires des deux RR∴ LL∴ de l'*Amitié* et du *Centre des Amis* réunies, les jour, mois et an que dessus.

LANSEL, *Vénérable* du Centre des Amis.	TRÉVILLIER, *Vén∴* de l'Amitié.
BRUNET, 1.er *Surv∴*	HOUSSEMENT, 1er *S∴*
GIBERT, 2.e *Surv∴*	DE FLAMICOURT, 2e *S.*
OUIZILLE, *Orateur.*	CAILLE, *Orateur.*
Par Mandement :	Par Mandement :
NONNIER, *Secrétaire.*	OBLED, *Secrétaire.*